SCRATCH AND SPARKLE

SPIRO ART

스피로 아트

반짝이는 소용돌이와 레인보우 컬러 곡선들을
멋진 예술 작품으로
변화시켜보세요!

YoungJin.com Y.
영진닷컴

반짝이는 소용돌이와 다양한 곡선들로
멋진 작품을 만들어보세요.
스크래치 스틱으로 긁으면 나오는 반짝이는 페이지와 다양한
색상의 레인보우 컬러 페이지가 삽입되어 있습니다. 또한 놀라운
아이디어로 채워진 예제와 연습용 페이지가 가득합니다.

Scratch and Sparkle 도구 키트를 소개합니다.

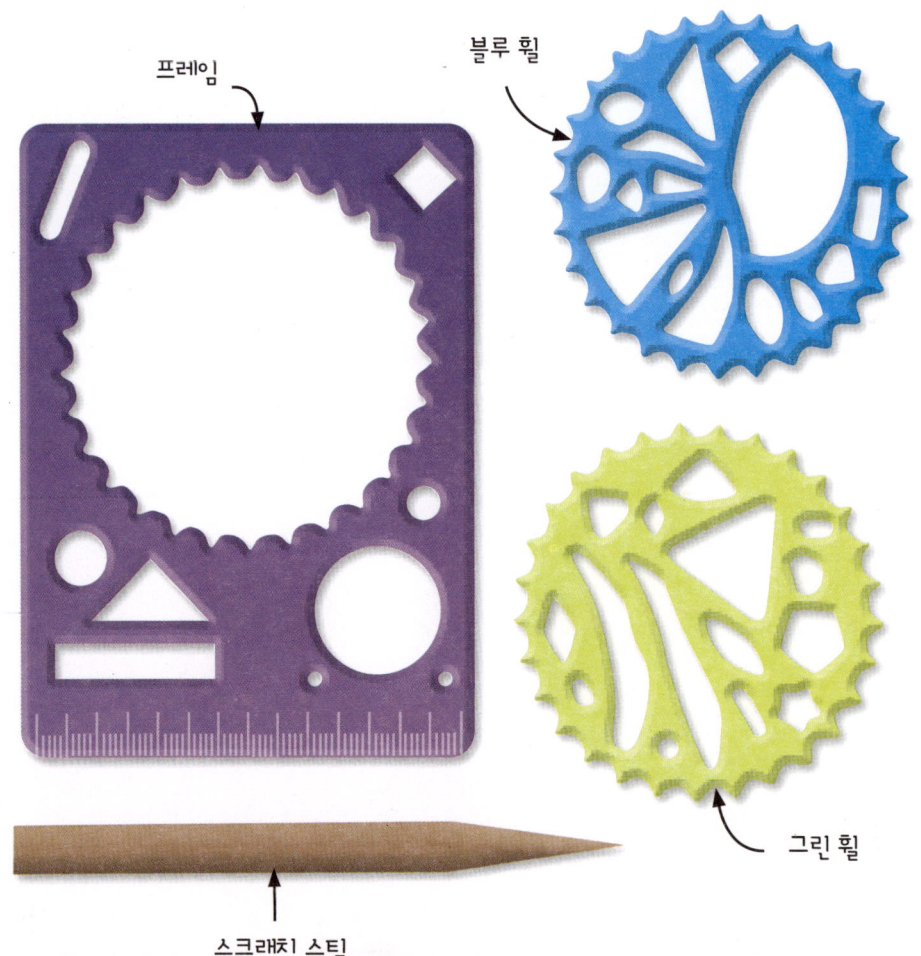

프레임

블루 휠

그린 휠

스크래치 스틱

 휠을 페이지 위에 놓고, 그 위에 프레임을 단단하게 고정시킵니다.

  연필이나 스크래치 스틱의 끝을 휠의 모양들 중 하나에 위치시킵니다.

 연필이나 스크래치 스틱을 휠의 모양에 따라 시계 방향으로 움직입니다.

  휠이 프레임을 따라 움직이면 나선 패턴이 나타납니다.

 여분의 스텐실 휠과 자를 사용하여 그림을 다양하게 꾸밀 수 있습니다.

블루 휠

블루 휠로 그릴 수 있는 나선 패턴들을 확인하세요!

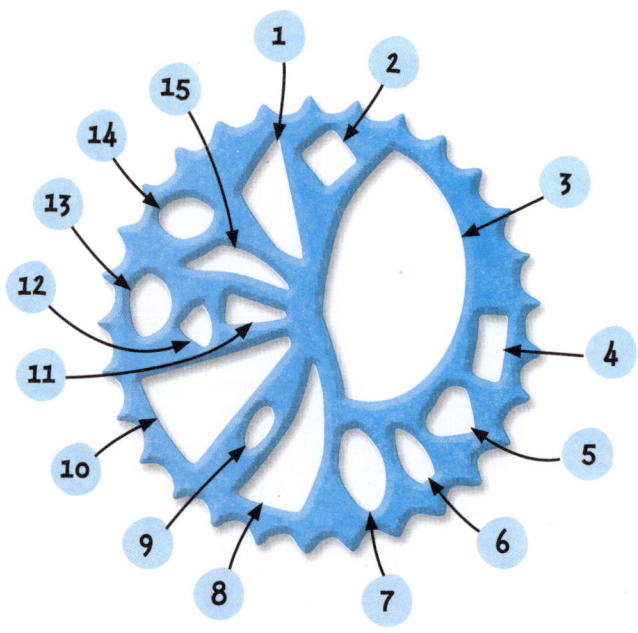

그린 휠

그린 휠로 그릴 수 있는 나선 패턴들을 확인하세요!

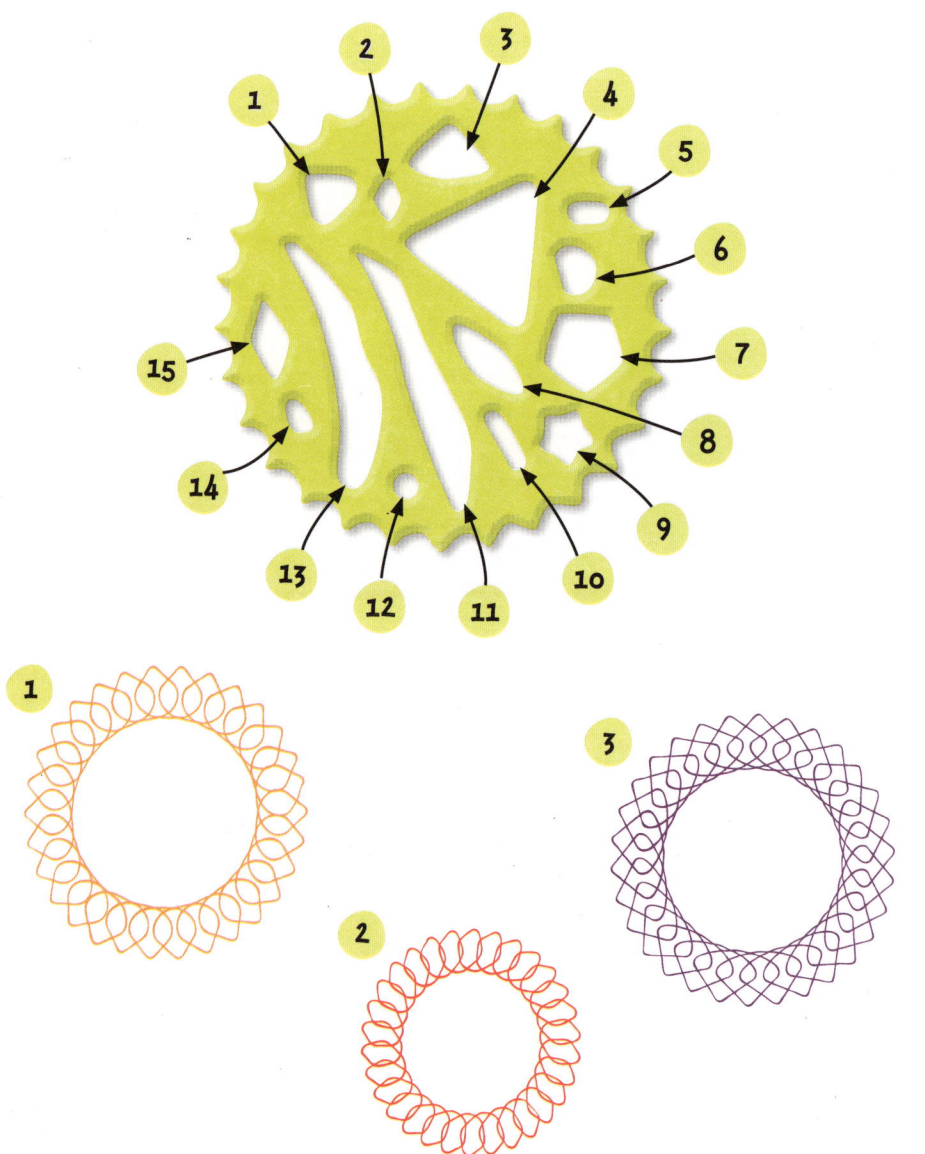

유용한 팁

 나선형의 패턴을 그리는 것은 쉽지만 먼저 연필과 종이를 가지고 연습해보세요. 디자인이 어떻게 나올지 미리 확인할 수 있으니까요.

 원 번호에 있는 숫자들은 각 나선을 만들기 위해 어떤 휠을 몇 번 사용해야 하는지 나타냅니다.

그린 휠 13번

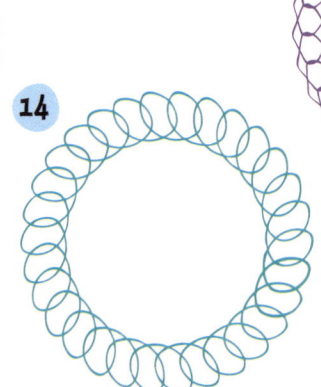

블루 휠 14번

그린 휠 15번

 나선의 일부를 사용해 그린 그림입니다. 연습하면 어디서부터 시작해서 언제 멈추어야 할지 알 수 있으며, 스크래치를 할 때 모양이 원하는 자리에 그려지도록 도와줍니다.

 다음 심볼들을 찾아보세요.

 ▶ 반짝이는 스크래치 페이지를 나타냅니다.

 ▶ 레인보우 컬러의 스크래치 페이지를 나타냅니다.

 스크래치를 하다 보면 검은색 먼지가 나옵니다. 오래된 잡지나 신문 위에 책을 올려두어 주변이 지저분하게 되는 것을 방지하세요.

여기에 연습하세요.

높게 그리고 멀리

아름다운 꽃

멋진 불꽃놀이

4

11

13

8

작은 곤충들

깜직한 요정

외계인이 나타났다!

12

8

11

1

7

14

노래하는 새들

바다 속 깊은 곳